Estados de calma

Alexis Soto Ramírez (La Habana, Cuba, 1967). Recibió, en su ciudad natal, el Premio Luis Rogelio Nogueras de poesía con *Estados de calma* (Ediciones Extramuros, 1993). Ha publicado, además, *Turbios celajes intrincados* (Ediciones Lenguaraz, 2016), y *Oscuro impostergable o la circunstancia de la hormiga* (Ediciones Lenguaraz, 2016). Sus poemas han aparecido en revistas literarias de Estados Unidos, México, Francia y España. Textos de su autoría están incluidos en *Algunos pelos del lobo. Jóvenes poetas cubanos* (Instituto Veracruzano de Cultura, 1996). En el 2018 obtuvo el segundo lugar de poesía en el XXVII concurso literario del Instituto de Cultura Peruana de Miami. Reside en Ellicott City, Maryland, EE.UU.

ALEXIS SOTO RAMÍREZ

Estados de calma

ediciones lenguaraz

Edición: *José Antonio Michelena*
Diseño de cubierta: *Ben Sussman*
Fotografía del autor: *Ben Sussman*
Imagen de cubierta: ©María Paula Rodríguez, 2017

©Alexis Soto Ramírez, 2019
©Ediciones Lenguaraz, 2019

Primera edición: Ediciones Extramuros, 1993

www.edicioneslenguaraz.com

ISBN: 978-0-9971960-3-0

Todos los derechos reservados. Ninguna parte de este libro puede ser reproducida o transmitida de cualquier forma o por cualquier medio, electrónico o mecánico, incluyendo fotocopia, grabación, u otro sistema de almacenamiento y recuperación, sin permiso escrito del propietario del copyright.

Libro de Sinuhé

Estados de Calma

Probé los negros vinos entre los paños y los ojos burlones de las mozas que no hacían otra cosa que reír. Probé también los huracanes por la borda y nunca antes me sentí más protegido. El oro como un signo de todo lo que implica beldad y reposo. Las murallas se adormecían viviendo en la súplica más feliz. Los viejos amigos con sus miradas muertas de perro. Correr después del soto, apretujarse durante instantes mientras el templo culmina su ceremonia, nunca tanto desasosiego que dependiera de mi honor. El cuerpo desea el oscuro galopar del vino. Estoy perdido entre las voces y el llanto del demonio, inmovilizado por esta sensación de cúspide. Los peces se ahogan en torno a los grotescos dedos de los árboles. Sé que morir será como volver a mirarse entre los círculos infinitos de la imagen. El frío nos hará regresar sigilosamente hasta donde están nuestros dioses.

Certeza de mí mismo

Juego como antaño
y los ecos son ahora como zorros,
invisibles latigazos en medio del sueño.
Soy un hijo perdido, sustraigo a escondidas
mi comida, revelación de mi estado.
Odio toda multiplicación, odio el trino.
Todo lo que he hecho por despertar de este sueño.
Aquí escucho las gaviotas, imágenes amarillas
hieren desde cavernas que sólo ellas conocen,
allí provocan el hervidero de lunas, las purezas
más abstraídas.
No soy el preferido,
nací rotas las criptas más antiguas
y declararon: el verbo incitará sus vigilias,
las manos aborrecerán para siempre el cielo.
Ah sublime esta conjura que me salva.
Ah mi voz es la enredadera
la intuición del cuerpo.
El viento señorea mi raza,
lo estoy escuchando desde siglos.

Canción del solitario

Las alas queman el enloquecido mar. Hay tanto silencio. Silencio profundo de las ciudades, el que acompaña a las criaturas más alejadas del cielo. El mar aúlla tras los muros y mi sueño cruza esta imagen sin despojarse apenas del miedo. Siempre he sentido que el océano es mi casa; a ello debo el estar siempre ondulando, azul como el rito más innato del hombre. Una ciudad es siempre un barco grande o una canción fragmentada en el desierto. ¿Acaso puedo gobernar mis ansias, gobernar la agonía que me asalta? Me he preguntado tantas veces dónde está la vergüenza si corro a obedecer. Los siglos obedecen, mis versos desbastados obedecen. También me he preguntado por qué no alcanzo con las palabras millón de aves en reposo, pero nada me reporta mi corazón. ¿Dónde está mi orgullo, dónde está la alegría que enciende mi espíritu? Mi alma no comprende, mi cuerpo no comprende si la ribera aleja más mi brazo. Oh qué desgracia la eternidad, mi tiempo pronto termina, mi segmento de vida. ¿Quién es usted, pronto, quién navega en estos momentos, dónde está aquella silueta, aquellos rostros desconcertantes, dónde estoy, qué hice? La nada aparece, me escondo. Debo encender un fuego gigante, destruir la razón que me destruye. ¿Cómo podré arrancar para siempre esta soledad inefable?

Confirmación de la suerte

No hallar,
no hallar los velos polvorientos,
las manos delicadas, abisales.
Este es el cortejo, estos señores padecen la figuración.
Mañana tarde
esperar los polígonos
piedras donde se aman los esposos,
algo que semeje una dejación.

Es la tierra violenta.

Sólo una palabra me fue dicha como un susurro.
Cada cerco es a la vez la propia tentación del salto,
cada pez floración de las palabras.
Oh balanza, oh praderas donde dormí ruinas tremebundas.

La absolución de Dios puede hacerme olvidarlo todo.

Las ruinas de mi infancia florecen en tiestos
se dispersan invaden la tierra
y es un aroma perfecto.

Dejadme, estoy podrido,
sólo este canto puede liberar mi alma.

El miedo

Alguien se acerca por los altos muros y es una fuerza encarcelada de un azul íntimo, un verso entre la juventud mágica de los huesos. Ah miedo, recorres los hilos asustados de los ojos, tanta insistencia cuando la imagen procrea su sangre. Ah miedo, sin ti los árboles son un naufragio sobre las olas.

Revelación del sueño

para Akhenaton,
para Raysa.

Tú sueñas la pisada del ciervo obscuro
sobreponiendo el nervio silencioso a lo profuso
al descenso sobrenatural de la muerte.
Yo te observo caminar sintiendo las azules venas
por donde circulan al estiércol los hijos podridos.
Es un sueño, y te asombras de la imposición de un estado denso
donde la poesía te encierra, silba a tu oído
mostrando el azul inconfundible de la ruta ciega.
Y las brasas humillan, saltan.
Ah jinetes, si me llevaran lejos
al triste mundo de la guerra.
Ah misterio,
que la marisma cubra con el lodo esta blancura
este reino tan largo.
Tú sueñas la pisada abstraída del ciervo
sus húmedos ojos atisbando un caracol
o una serpiente como mármol.
No sabes que la mirada deberá atraernos
hacia los Julios ondeantes.
Y más que el agua, rugiendo,
poseerás el abatido corcel,
las arrugas ligerísimas de un sueño que se escapa
indefiniblemente.

El espejo y la noche

Las manos cruzadas amanecen húmedas, no pueden resistir la noche ni las oleadas de un espejo perpetuo. El espejo y la noche, ajenos. Las manos hunden por fin el árbol en la miel, en esa desazón de la distancia. Puede que la resurrección de esta imagen sea el árbol reconstruido entre la miel y el sudor de los ojos. Los ojos en ese deleite primero del sueño. Y puede que la nostalgia presentida nos recorra, despertando viejos celos y tinieblas. En esta obscuridad nos abrazamos ciegamente como amantes. En esta obscuridad que el corazón invade las aguas, como la calma.

Alas y paisaje

Seré tan desordenado como las palmeras
asombrosas que se distienden.
Alas desmembrando los azules de hierro,
mientras lanzan a las alturas los retumbares.
Como las palmeras alumbradas desde abajo,
las largas hojas iluminadas como alas fijas,
desentendiendo cuerpos, entrando a la rústica
confusión de los volcanes.

La sibila

Es el obscuro mirar de la sibila, denostando, la esperanza andrajosa del anciano que corta apenas el aire con sus gestos. Es el silbido de una barca atravesada por el iris violento, cuando en la memoria de la tierra se sorprenden las abisales concatenaciones del oro. Es el silbido de la muerte, descuartizando, gimiendo la cabeza que devora, una cabeza bañada y furibunda.

Es una sustancia que ruboriza, una sustancia escamoteada de los bajos almacenes, fuertemente órfica y espantable, que todo el espacio entra y sale de los oídos, que toda la alucinación del cuerpo penetra hacia el espejo.

La música

La música quiebra su sustancia,
tiene lentos dedos de atrapar el agua,
muere
como una sombra
    entre la maleza.
Ah luna, luna incierta en los ojos del lobo.
Siempre provocas la desaparición del miedo
(soberbia negrísima de la soledad).
Toca el fuego secreto
con los dedos.
Oya el canoro hueso de la fiera.

Espera de Minea

para Maya.

Ahora empiezan a trastocarse aquellas palabras. Parece como si el tiempo las humedeciera indicándoles una necesidad semidesnuda y plúmbea. El cuerpo regresa antes que el laberinto produzca una negrura desleal, pero el lado mesiánico corrompe los hilos, miles de hilos. A veces el estrecho roce con las magnolias cruje, convierte el vacío en una campanilla alada, voraz, sierpe, rosa.

Tu diversidad espanta mi regreso, tu belleza comienza a confundir simplemente los mayos. Voces puras como el viento de Siria quemando el corazón, como una hortensia quieta y enlodada.

Desesperanza

Ya no deseo escapar cuando la estación caiga sobrecogiéndonos. Ya no, ni comprender los negros bosques. Mi corazón anochece en el polvo que inunda esta calle, siempre dominado por esa fatal descortesía. Ya no espero que el velo se escurra, ni las banderas sigilosas lastimen mi rostro. En este espacio en el que estoy preso no se podrá amar en paz.

Ciudad del horizonte

a Thot,
a Naumin.

El pez busca el aire, los huesos estampados cubiertos por el verdín. Las fugitivas manos invaden el claroscuro. El pensamiento como un apóstol que oficia en un desierto sin casas y sin rito. Los caballos desorbitados muestran tu rostro, y la luz declina. Las aves se convierten en peces. El mar de la infancia todavía con todos sus misterios, su fuerza desmesurada golpeándome. La noche como corte funeraria de los hijos. Por el desnudo cuerpo deslizo mi tristeza. Solo. Me han abandonado mis dioses. Oh infiel vida, infiel acto de despeñarse por una ciudad mil veces odiada. Soporto mi dolor con la mayor levedad posible. Estoy seguro que el tiempo pasará, y tu resistencia se irá al fondo de todos los infiernos.

La Casa

a Nefernefernefer

La casa esconde su espíritu, lo conserva debajo de las rocas, entre los juncos verdes que se agrietan al pasar el tiempo. El tiempo no existe y la casa ha abandonado ese desesperarse o moverse siempre en instantes. Cuando a veces paseamos callando nostalgias, risas modeladas, la casa empieza a esbozar su lenta confusión. Hizo todas las luces para intimar, pero yerra, se inclina hacia la muerte. Aquí vive una bailarina que nos ama. Las pieles (de la casa y el beso) muerden suavemente mis dedos. Quizás me abriré paso por entre la modorra. Cuánto puede uno renacer a costa de desmentirse, a costa de conciliar vino y odio. Este ritmo que nace del polvo de siglos puede convertir el espacio en una gran ilusión. Por dentro escucho el taconear dulce de su baile. Sueña despierta. Todos mueren con la casa estrangulándolos.

Agua Moribunda

He visto la luz tambaleándose con gesto de cabra enloquecida, lágrimas que recorrieron al menos las palmas finísimas, cuando el agua se convierte en estación. El agua moribunda que roza tu pie vivísimo. También he visto columnas que tienen bajo sí la respuesta, columnas que despiertan con un sudor de miedo. Hay cielos que pueden caer de un momento a otro, pájaros con ojos tan grandes, cuerdas que ignoran su cúmulo, piedras odiosas clavándose sin equivocación.

Invitaciones Peligrosas

La espera

Yo sé que el tiempo demorará. Estas espesas llamaradas circundan mi verso y las trampas protegen el salto más astuto y la verdad me acosa siempre que un salto destruye por momentos mi corazón. Ya no soy inmutable como los grandes árboles que he visto desde mi infancia. Si pudiera arrancarme de este asedio, si pudiera triunfar al menos en algo despreciable. Lo único posible es permanecer, hundirse entre los bosques densos cuando se pierden asustados los niños como barcas. ¿Nunca aprenderé a reconocer los terribles golpes de la tristeza? Sólo necesito un instante propicio para que se rompan los cercos y mi cuerpo vaya definitivamente al mar.

El esposo

a Manuel.

El esposo avanza a tientas por el jardín, toca la tierra, esperando encontrar su destino. Está triste recordando sus hijas perdidas en la noche. Las canas en la luz lunar, sus dedos palpando la rugosidad de la tierra. La ciudad lo niega, el espacio lo niega, pero el miedo logra mantenerlo vivo. Ahora se pierden las doce horas del reloj. El esposo en el jardín. *Hurry up please its time. Hurry up please its time.*

Vamos agonizando

Vamos agonizando,
entreviendo la imagen última del delfín.
El irse trasmutando la voz
los huesos parcos.
Pronto vendrán ancianos
entregándose en libres hedonismos.
¿Cómo podré hallar el verso,
cómo contendré la canción ofrecida,
física?
Mi cuerpo se deleita en otro cuerpo
ardiendo con el mismo esplendor de la luz.
Tengo ostras guardadas,
tengo los siglos
sobre el tiesto silencioso.
No escuchar este trazo de miel
es como sepultar el odio,
olvidar el rítmico galopar
del fuego.
Cerrad las ventanas,
otra rosa invisible en el ojo de un gamo
que se aleja hacia la perfección.

Old woman

La vieja está anclada a la vez sobre el baúl milenario y sobre el cayado que hinca los fangos glaciares. La vieja no muestra a nadie su enjambre de sabores tan terribles como la luz persistente. No hay buena memoria, bajo estos bosques ya estuvo enterrada, como un hongo al que han pisoteado generaciones enteras de gamberros y lunas. No posee ni doce candelabros labrados como el creador de las estaciones, nada tiene, sólo su triste baúl que la inquieta, sólo su triste figuración de brazo que los lobos pretenden confundir con su cayado.

    Los lobos quisieran su rostro, hinchan sus pechos al viento gélido mientras la vieja sube, inclinada como una vestal. La vieja entra sobre sí misma, conserva los tonos agilísimos, invisibles. Sólo sus maldiciones graznan, trovar de alguna forma el júbilo que muere en este bosque donde hasta los árboles envejecen. Entra, sale, siente los pasos descomunales de su veleidad. Ah si esta llama pudiera mostrarse como las tardes opacas, enseñarnos a sobrevivir en ese modo, esperando los rompecabezas gualdas. Ah si el tiempo retrocediera sobre los caminos de cobre y sobrepasara el enjambre de la marea.

Raysa

El azul incesante que los perros abortan, espanto de los bosques cuando huyes erizada de los otros mundos. Tu voz, si la sorpresa pule la miel sobre el alba, un azul estrenado desde el infinito, perdido como la puerta y la pisada lunar, o la propensión miedosa de las manos a los trazos estelares, azules de los árboles.

Sueño

Se trueca este sonido mientras avanzo hacia un lago,
un cine en el que las luces comienzan
por invertir las imágenes.

Es un diabólico sistema que perdura
y destierra al carnero desde las tazas humeantes.
Es el oro saturado.

Desde ayer comienzo,
y un veloz sinsonte colima la imagen rota.
Jaurías torciendo el hielo particular en silbido.
Nada sin la súplica interior de devoción.

Ya reposa

Ya reposa el malva sobre tu cuello, las sílabas erosionadas por una luz casi espacial. Tus manos confabulan para extraer el sermón perfecto, la deslealtad de la imagen y el vuelo fugaz de la vidriera sospechosa. Pero tu estación y tu desliz perduran en el silencio sereno del vientre, como una estación olvidada en que los trenes reposan.

    El viento niega el malva peligroso, grotesco, sus ojos negrísimos distanciados hacia lo intemporal, escuchando quizás el manar absoluto de los barcos.

Las enfermeras

Las enfermeras vírgenes dejan arrastrar sus pañuelos sofocados, sonríen sin saber que las puertas permanecerán cerradas. Son como conejos delirantes, angulosos. Pero también son aves, flores intuyendo la caricia sin que se desplomen los cielos. Creen que la resurrección comienza siempre.

Invitaciones peligrosas

El último verano pusimos fin a las invitaciones peligrosas. Los viajes por mar en los que nos adentrábamos por rutas obscuras, intensas, cual si pretender el espacio exterior modificase en algo nuestra alma. Entonces, tan sólo vagar por montañas hallando el escarnio de las luces, diferencias entre la vida de los hombres, por las que deberíamos destruir nuestra exclusividad, y entregarnos al mar como desdichados.

Los campos orlados con finísimas siluetas, vagas intenciones de antaño que traían a mi memoria lo largo que puede resultar una espera. La libertad bien podía considerarla como un hecho vago, trazos de los puños por los árboles hediondos.

Historia breve

Una tarde atravesé cantando sobre el lodo
y todo el bosque imantaba los bordes de mi angustia.
Los ríos con barcas a la deriva
y Rimbaud, su soledad,
riendo con ojos tan fríos.

El tiempo ahora transcurre tranquilamente.
Es agosto
y fuera y dentro la filigrana se trasluce.
Los mares en sus cúspides de peñascos,
el hieratismo robusto
como la conquista más seria.

Se aliena la devoción del cordero
hacia su padre.

Imagen y destino

En esta calle tu nombre tiembla
por miedo a la desnudez.
Tu muslo de oro revuelto entre las telas.
En el suelo lejanísimo del caníbal
aparece tu imagen
como metamorfosis del destino.
Aquí está la noche con tu olor,
flores de fuego abrazan tu confianza,
brazos vigorosos
que quisieran descubrir los cristales.
Tú corres, corres,
te lanzas a través de los bosques.
Lo más desolador de todo es la prisa,
lo más desolador.
Mis dedos no añoran otra cosa que la muerte.

The coast

Ya se abren los primeros velámenes
sajando dulces juicios
desnudas listas apagadas.
Ya el turbión cede una hora más
y corre el riesgo de Julo
entre fiebre y fiebre.
El tiempo de esta cólera
no logrará apagar lo que recorre
lo que urde,
lo que teme contra sí mismo.
El viento logra por fin tirar
de los pequeños barcos
y un soldado se hunde en el voraz oleaje.

La piedra

La piedra vuela, ha aparecido entendiendo los pases, intentando la aproximación definitiva. La piedra cabizbaja acercándose, alejando los ritmos. En el aire se huye a través de una separación. La piedra moja sus puntas alegre, comienza su vuelo errático sobre el verde más elevado. Nadie sabe hacia dónde, nadie sabe los roces y la ira. Nadie sabe el espacio real que nos separa y nos une como a dos niños jugando. El destino es un venablo y puede atacar, aunque permanezca disimulado en el polvo sin lujuria. Estos son otros años, luces, nuevos años vacíos (cerrar los ojos sin entender nada de piedras ni de vuelos), pero estos son años en que hay que vivir sin hacer el más mínimo ruido. Nadie descubrirá el cieno los viernes corregidos, algo que se columpia entre la red y la maravilla. Gota a gota entra la piedra por nosotros, la piedra pulimentada por los dedos, húmeda, lumínica por el sentido. Pero es necesario estar inmóviles, aguzando las piernas, esperando un golpe total, la piedra como la vida que nos hace un nudo de hierro. Estos son otros años, sin la asunción forzada por el escarnio. Nunca hay un día posterior, sólo otro día igual, sin salvación. La palabra no es la piedra que ha sido lanzada desde siempre, y la piedra no es la vida. Su sino es el viento, el himno, la nostalgia. No puede ser, no una piedra saltadora, ni siquiera un brazo sorprendente.

Índice

Libro de Sinuhé

    Estados de Calma • 7
    Certeza de mí mismo • 8
    Canción del solitario • 9
    Confirmación de la suerte • 10
    El miedo • 11
    Revelación del sueño • 12
    El espejo y la noche • 13
    Alas y paisaje • 14
    La sibila • 15
    La música • 16
    Espera de Minea • 17
    Desesperanza • 18
    Ciudad del horizonte • 19
    La Casa • 20
    Agua Moribunda • 21

Invitaciones Peligrosas

    La espera • 25
    El esposo • 26
    Vamos agonizando • 27
    Old woman • 28
    Raysa • 29
    Sueño • 30
    Ya reposa • 31

Las enfermeras • 32
Invitaciones peligrosas • 33
Historia breve • 34
Imagen y destino • 35
The coast • 36
La piedra • 37

www.ingramcontent.com/pod-product-compliance
Lightning Source LLC
Chambersburg PA
CBHW020432010526
44118CB00010B/535